DESSINE *pour* MOI

EDITION A VOS STYLOS

www.ingramcontent.com/pod-product-compliance
Lightning Source LLC
Chambersburg PA
CBHW080602220526
45466CB00010B/3223
* 9 7 8 1 6 7 7 9 7 0 9 9 5 *